Gustave Planche

# Le Paysage
# et
# les Paysagistes

*Critique*

ISBN : 978-1981379644


10  9  8  7  6  5  4  3  2  1

Gustave Planche

# Le Paysage
# et
# les Paysagistes

*Critique*

# Table de Matières

## Le Paysage et les Paysagistes

Michel-Ange disait que les peintres de figure n'avaient pas à se préoccuper du paysage, et qu'ils feraient des arbres et des montagnes dès qu'ils le voudraient. Il y a sans doute un peu d'exagération dans ces paroles; cependant elles contiennent une part évidente de vérité. Les peintres qui ont appliqué leur intelligence à l'étude, à l'expression de la figure humaine, abordent sans effort la représentation du paysage, tandis que les paysagistes échoueraient neuf fois sur dix s'ils tentaient la représentation de la figure humaine. Comme les arts du dessin sont appelés vulgairement arts d'imitation, à l'exception de l'architecture, qui se dérobe à cette définition, il n'est pas sans intérêt d'étudier les artistes qui ont excellé dans le paysage. Ce sera la plus sûre manière de démontrer l'insuffisance de l'imitation. Cette question, traitée dans le domaine de la figure, laisse debout un grand nombre d'objections, car les partisans de l'imitation pure peuvent toujours dire que la volonté, l'imagination doivent intervenir dans la disposition des personnages, et n'ont rien à voir dans la représentation d'un chêne ou d'un orme. Il faut donc suivre les partisans de l'imitation littérale sur le terrain du paysage pour trancher la question d'une manière décisive. Aujourd'hui l'imitation est à l'ordre du jour. Ceux qui parlent de l'idéal sont traités de rêveurs. Il n'est pas hors de propos de chercher dans l'histoire de la peinture des arguments en faveur de la thèse que nous soutenons depuis longtemps. Si nous arrivons à prouver que l'imitation pure est insuffisante dans le paysage, nous avons cause gagnée, et nous pouvons nous dispenser d'insister en parlant de la peinture d'histoire. Procédant à la manière des géomètres, qui font passer un cercle par trois points, je ferai passer ma pensée par trois noms, qui représentent trois faces diverses du paysage : Ruysdaël, Claude Gellée, Nicolas Poussin. Si l'étude de ces trois maîtres nous donne raison, nous serons assuré d'avoir répondu à toutes les objections; si elle ne justifie pas nos affirmations, nous plierons le genou devant les doctrines que nous avons combattues.

Mais, avant de parler de Ruysdaël, de Claude Gellée, de Nicolas Poussin, il importe de considérer sous quels aspects peut s'offrir le paysage. Sans cette étude préliminaire et générale, l'étude individuelle de ces trois grands maîtres demeurerait sans profit, ou du moins ne résoudrait pas la question que nous venons de poser. De tous les problèmes que la peinture peut aborder, il est hors de doute que la représentation du paysage est un des plus faciles. Il est évident en effet qu'un chêne immobile est plus aisé à saisir, à représenter qu'une figure humaine, dont les mouvements sont gouvernés par la passion. Cependant il ne faut pas s'abuser sur la nature de ce problème. Le même paysage, offert à des intelligences diversement douées, produit des impressions diverses, et si je ne me trompe, la diversité de ces impressions représente fidèlement le développement intellectuel des spectateurs. Il y a des peintres qui n'aperçoivent rien au-delà de la scène offerte à leurs yeux : ils voient, ils regardent, ils se souviennent de ce qu'ils ont vu; ne leur demandons rien de plus, car leur intelligence ne saurait aller au-delà. Ils se rappellent fidèlement la mousse qui couvre le pied du chêne, les lichens qui enveloppent la tige, et sont capables de reproduire ce qu'ils ont vu; mais si vous leur demandez ce que signifie le paysage qu'ils ont étudié, ils vous répondront ingénument qu'ils n'en savent rien, et ils seront sincères. Ne craignez pas qu'ils se calomnient, ils sont de très bonne foi. Ils se rappellent ce qu'ils ont vu, et ne mentent pas quand ils affirment qu'ils ne peuvent rien voir au-delà. Il faut leur tenir compte de leur franchise et ne pas leur demander ce qu'ils ignorent.

Il y a dans l'aspect de la nature des sources d'émotion qui ne sont pas à la portée de toutes les intelligences. La forme d'une montagne, la profondeur d'une vallée, qui ne signifient rien pour un spectateur étranger à toutes les passions, ont un sens très nettement déterminé pour le spectateur qui a connu les agitations de la vie. Nous aurions mauvaise grâce à nous en étonner, car les aspects de la nature prennent un sens différent selon la vie que nous avons menée. Quand nous avons concentré toute notre attention sur le bien-être matériel, il est tout naturel que nos regards s'attachent à la physionomie extérieure d'un paysage sans rien chercher au-delà. Si notre vie n'est pas demeurée à l'abri des passions, nous cherchons à notre insu dans la nature l'image de nos joies et de nos souffrances. Ce que nous voyons ne suffit pas à notre pensée, nous voulons apercevoir quelque chose au-delà. Une fois engagée dans cette voie, l'intelligence humaine dédaigne l'imitation littérale, et c'est chose toute simple. Dès qu'elle associe la nature à ses souffrances et lui demande un témoignage de sympathie, il n'y a pas lieu de s'étonner qu'elle ne s'applique pas à reproduire servilement ce qu'elle voit. Le spectateur qui cherche dans les plaines et dans les montagnes l'écho de sa pensée ne peut les représenter comme un spectateur indifférent : il est amené à son insu à leur prêter les sentiments qui l'animent. Quand les plantes n'expriment pas la pensée qui le domine, il n'hésite pas à modifier la forme réelle pour témoigner ce qu'il éprouve. C'est là ce que j'appellerai le second pas du paysage.

Mais l'aspect de la nature peut susciter des sentiments d'un ordre plus élevé chez les intelligences plus richement douées. Il y a des spectateurs qui ne se contentent pas, en traduisant leurs souvenirs, de modifier la forme des plaines et des montagnes pour exprimer leurs sentiments personnels, mais qui introduisent dans le paysage des acteurs animés de leurs sentiments. Les peintres compris dans cette famille étudient la nature comme s'ils voulaient se contenter de la représentation littérale de ce qu'ils ont vu; seulement ils ajoutent à leurs souvenirs quelque chose de plus élevé, qui marque leur place parmi les artistes les plus éminents. Comme ils ne croient pas trouver dans la forme des montagnes et des vallées librement interprétée l'expression complète de leurs sentiments, ils se proposent un but plus haut, plus difficile à toucher, — la nature associée à la pensée des personnages et la physionomie des personnages réfléchie dans la nature.

Ces trois manières d'envisager le paysage correspondent à trois moments de l'histoire de la peinture. Ce n'est pas moi qui les imagine, je ne fais que me souvenir. Ce que j'exprime sous une forme générale se trouve représenté par trois grands noms : Ruysdaël, Claude Gellée, Nicolas Poussin. Il s'agit maintenant de justifier, par l'analyse de leurs ouvrages, ce que je viens d'affirmer. Cette tâche, quoique délicate, ne présente pas des obstacles nombreux, car chacun de ces trois maîtres se sépare si nettement des deux autres. qu'on n'a pas besoin d'insister pour caractériser la physionomie qui lui appartient. Ruysdaël représente la nature telle qu'on la voit, sous l'aspect qui frappe tous les yeux. Claude Gellée ne se contente pas de la réalité, et cherche à l'ennoblir en associant aux chênes majestueux, aux ormes séculaires, les ruines des temples sillonnés par le feu du ciel et couronnés de mousse. Nicolas Poussin vise plus haut que Claude Gellée. Il cherche dans l'histoire, profane ou sacrée, des personnages qui traduisent sa pensée, et comme il possède l'imitation de la nature aussi bien que Ruysdaël, comme il connaît l'emploi des ruines aussi bien que Claude Gellée, il produit une impression plus profonde que ces deux maîtres. Voilà ce qui est vrai pour les hommes du métier, ce qui n'est pas aussi vrai pour les gens du monde. Le jour où la hiérarchie que je viens d'établir, et qui ne m'appartient pas, deviendra populaire, la cause du paysage réel sera perdue sans retour; mais pour que cette opinion devînt populaire, il faudrait que Ruysdaël, Claude Gellée et Nicolas Poussin fussent connus de la foule; par malheur, ils sont généralement ignorés, ou ne sont connus que d'une manière superficielle par le plus grand nombre de ceux qui visitent notre musée du Louvre. Ruysdaël signifie la vérité même, Claude Gellée signifie la rêverie, Nicolas Poussin signifie la pensée philosophique dédaignant l'imitation de la réalité. Il s'agit pour nous d'estimer ces trois maîtres de façon à poser la question en termes précis.

On rencontre chaque jour des gens qui se donnent pour éclairés, qui raisonnent d'ailleurs d'une manière satisfaisante sur un grand nombre de matières, et qui, en parlant du paysage, avancent et soutiennent les idées les plus singulières. Il est vrai qu'ils en parlent d'autant plus librement, qu'ils n'en connaissent pas l'histoire. Rien ne met à l'aise comme ignorer : on n'est arrêté par aucun scrupule. Ceux qui ont pris la peine d'étudier hésitent à chaque instant; ceux qui ont négligé ce soin vulgaire s'expriment avec une hardiesse qui abuse bien des auditeurs. Contons d'eux-mêmes, ne bronchant jamais, ils vont en avant sans apercevoir, sans redouter les ronces du chemin : heureux privilège de l'ignorance, qui ne connaît pas le doute et s'applaudit de toutes ses paroles! Ceux qui n'ont jamais feuilleté l'histoire du paysage croient et affirment qu'il n'y a rien à tenter au-delà de l'imitation, lorsqu'il s'agit d'exprimer l'aspect d'une vallée ou d'une forêt. C'est une illusion qu'il sera difficile de dissiper. Cependant le moment est opportun pour engager la discussion sur ce terrain. La peinture historique ou religieuse n'a pas aujourd'hui pour les amateurs, pour ceux qui achètent des tableaux, la même importance que le paysage. Les scènes de la Bible et du moyen âge sont traitées par eux comme des antiquailles; tout ce qui ne relève ni de Fontainebleau ni de Compiègne ne vaut pas une heure d'attention. Il n'est donc pas hors de propos de montrer à ces amans passionnés de la nature que les plus habiles paysagistes n'ont pas réduit leur tâche à l'imitation, et que la valeur de leurs ouvrages croît en raison directe de leur estime pour l'idéal. S'il en était autrement, il suffirait d'avoir de bons yeux, une main docile pour étonner, pour charmer les regards. Et néanmoins nous avons parmi nous des peintres qui copient un fût de colonne renversée plus exactement que Claude Gellée, une plante grimpante avec plus d'adresse qu'Adrien van Ostade. Pourquoi donc n'ont-ils pas réussi à nous plaire comme Van Ostade et Claude Gellée? Ce n'est pas le maniement du pinceau qui leur fait défaut : ils connaissent tous les secrets de leur métier, tous les secrets compris dans la pratique matérielle; niais il paraît qu'il leur manque quelque chose, quelque chose qui ne s'apprend pas, qui ne s'enseigne dans aucun atelier, que la méditation peut seule révéler, — l'intelligence et l'expression de l'idéal. Van Ostade ne compte pas parmi les peintres idéalistes, et pourtant il a payé son tribut au principe qui semble aujourd'hui dédaigné. Quoiqu'il se préoccupât vivement de l'imitation, il ne transcrivait pas ce qu'il voyait. Ses paysages d'automne, qui excitent depuis longtemps l'admiration des connaisseurs, ne sont pas de pures copies. Jamais la nature, dans les plus riches contrées, ne s'est présentée avec cette splendeur et cette variété, et ce qui est vrai pour Adrien van Ostade est encore plus vrai ou du moins plus évident pour Claude Lorrain.

Il y a dans les toiles de ce maître que nous possédons au Louvre, comme dans les œuvres signées du même nom qui décorent à Rome la galerie Doria et se recommandent par une conservation parfaite, une grandeur qui ne se rencontre jamais dans la réalité. A quoi tient l'attrait de ces admirables compositions? Ce n'est pas à l'exactitude littérale de l'imitation. Ce qui donne tant de prix aux œuvres de Claude Lorrain, c'est qu'elles expriment constamment une pensée. On demande comment les terrains et le feuillage, l'ombre et la lumière peuvent exprimer une pensée : c'est une question qui ne doit pas être discutée en face des œuvres du pinceau, mais bien sur le terrain même des souvenirs personnels. Qui donc, parmi ceux qui ont voyagé, n'a pas gardé mémoire de forêts ou de montagnes, de vallées ou de rivières qui traduisaient fidèlement l'état de son âme? Eh bien! l'homme qui pense, l'homme qui est ému, qui compte dans son passé des scènes navrantes ou joyeuses, ne peut pas manier le pinceau et retracer ce qu'il a vu sans y inscrire l'émotion qui l'agitait à l'heure où il contemplait le spectacle qu'il tente de rappeler. Il ne dépend pas de lui d'agir autrement; il cède au besoin de consacrer ce qu'il a éprouvé en présence de la nature inanimée, et je me sers ici d'une expression vulgaire, manifestement inexacte, car les forêts ne sont pas inanimées. S'il négligeait d'exprimer ce qu'il sentait en même temps qu'il représente ce qu'il a vu, il ne serait pas satisfait de son œuvre. Il comprendrait qu'en parlant aux yeux sans rien dire au cœur, il aurait fait une composition muette, et ce n'est pas ici un jeu de mots, comme pourraient le croire les partisans de l'imitation littérale. Quand je déclare muette une composition qui s'adresse aux yeux et ne suscite aucun sentiment, je dis ce que je pense, rien de plus, rien de moins. Je n'essaie pas d'étonner le lecteur par une combinaison de paroles habituées à ne pas se rencontrer. Je parle d'après les impressions que j'ai reçues. Chaque fois que j'ai contemplé les œuvres de Claude Gellée, j'ai compris qu'il n'avait pas vu sans émotion ce que je voyais sur la toile signée de son nom, et je comprenais en même temps qu'il avait corrigé, qu'il avait effacé tout ce qui ne s'accordait pas avec l'état de sa pensée. Dans Ruysdaël sans doute, le côté spiritualiste est moins évident que dans Claude Gellée; cependant il est impossible de le méconnaître, et comme le maître hollandais excelle dans l'imitation, comme il reproduit la couleur des terrains, la forme des plantes avec une précision qui n'a jamais été dépassée, c'est un des arguments les plus utiles qu'on puisse invoquer pour démontrer la nécessité de la pensée dans la composition du paysage.

Mes paroles trouveront bien des oreilles sourdes ou inattentives. Ce n'est pas une raison pour abandonner la défense de ce qui est pour moi la vérité. Le succès obtenu aujourd'hui par les œuvres de pure imitation ne m'a pas converti. Le paysage réel n'est à mes yeux qu'un paysage incomplet. J'ai beau admirer l'habileté de la main, compter les bourgeons qui vont éclater, ou les nervures des feuilles transparentes agitées par la brise : je demeure tiède et indifférent, si la toile qui est devant moi n'exprime pas une pensée. Ce n'est pas que je conseille aux paysagistes de concevoir une idée *a priori* et de chercher dans la nature des moyens d'interprétation pour cette idée. Le travail ainsi ordonné produirait bien rarement des œuvres dignes de notre sympathie. Je crois que les plus belles toiles du Lorrain et de Nicolas Poussin ont été conçues dans d'autres conditions. En suivant les rives du Tibre, en regardant la campagne romaine du haut du Monte-Mario, ils ont senti se réveiller en eux le souvenir d'une scène attendrissante ou grave, et sans le savoir, ils ont assoupli ce qu'ils voyaient à la nature intime de leurs souvenirs. Tous ceux qui ont parcouru la campagne romaine comprendront la légitimité de mon affirmation. En se promenant dans les montagnes de Subiaco et de Civitella, on croit d'abord rencontrer des Poussin tout faits. Qu'on grave dans sa mémoire l'image de ce qu'on a vu, ou qu'on essaie de la fixer sur le papier à l'aide du crayon ou du pinceau, et l'on s'étonne de ne pas trouver au logis la réalité aussi splendide, aussi expressive qu'on l'avait cru d'abord. Pourquoi? C'est que le Lorrain et le penseur des Andelys ne s'en tenaient pas au témoignage de leurs yeux, et agrandissaient, souvent à leur insu, ce qui s'offrait à leurs regards. Olevano, Gennazzano, la Cervara sont des matériaux excellents pour un peintre habile; mais le bon sens ne permet pas de croire qu'ils donnent des tableaux tous faits. Il manque à l'aspect de la plus riche nature une expression précise, et pour que la réalité devienne œuvre d'art, il faut absolument que l'intelligence détermine ce qui est indécis. Il est bon d'avoir parcouru la campagne romaine et visité les montagnes et les collines qui entourent Tivoli et Frascati pour mesurer l'intervalle qui sépare la réalité la plus belle des œuvres du pinceau qui font autorité. En comparant ce qui est sorti des mains de l'homme à ce qui est sorti des mains de Dieu, on arrive sans effort à sentir tout le néant de l'imitation littérale. Il n'est pas donné au pinceau de reproduire la transparence de l'air, le mouvement des feuilles, les gerçures et les crevasses des terrains. Il n'y a pour le peintre de paysage qu'un moyen de nous émouvoir, c'est de ne pas engager la lutte avec la nature et de prendre la forme des choses comme une langue qui doit traduire sa pensée. C'est ainsi que procédaient Claude Gellée, Nicolas Poussin, et si Ruysdaël n'occupe pas dans l'histoire un rang aussi élevé, c'est qu'il ne savait pas interpréter ce qu'il avait vu d'une manière aussi puissante, c'est qu'il n'écrivait pas sa pensée en termes aussi précis.

Tous ceux qui s'intéressent au développement des arts du dessin s'affligent avec raison des doctrines qui dominent aujourd'hui le paysage. Il ne faut pourtant pas imputer ces doctrines à l'abaissement de l'intelligence. La meilleure part de cette aberration revient évidemment à la photographie. Le soleil dessine la forme des objets plus exactement que les plus habiles crayons, il les modèle d'une manière plus précise que les plus habiles pinceaux, et comme l'imitation est plus facile à comprendre que l'interprétation, on ne doit pas s'étonner que la photographie ait excité une admiration si vive. L'œuvre du soleil, envisagée comme document, est une chose excellente, dont il ne faut pas médire; si l'on veut y voir l'équivalent de l'art le plus parfait, on se trompe d'une manière absolue. Le soleil reproduit sur le papier tout ce qu'il atteint par sa lumière. L'œil humain n'aperçoit pas tous les détails que nous donne la photographie : c'est là une vérité acquise à la discussion; mais le soleil ne choisit pas, et l'art doit choisir. C'est pourquoi dans le domaine du paysage, comme dans le domaine de la figure, le soleil vaut moins que l'art. Qu'on prenne les œuvres les plus parfaites de la Grèce et de l'Italie, qu'on les étudie en les comparant à la nature, et quelques heures suffiront pour démontrer que Phidias et Raphaël n'ont pas copié ce qu'ils voyaient. S'ils avaient pu atteindre par leur regard et reproduire par le ciseau ou le pinceau ce que le soleil atteint par sa lumière, aurions-nous le Parthénon et les chambres du Vatican? Pour le croire, pour le dire, il faudrait ignorer toutes les conditions qui régissent la peinture et la sculpture. L'art ne doit pas transcrire ce qu'il voit, mais choisir ce qui lui convient et répudier ce qui ne lui convient pas; en d'autres termes, il doit retenir pour son usage ce qui est conforme à son but et négliger tout ce qui lui est inutile. Le soleil procède autrement : il touche à tout ce qu'il éclaire et transcrit tout ce qu'il a touché; il n'omet rien, ne sacrifie rien, car il agit sans volonté, sans dessein préconçu, et ceux qui voient dans la photographie quelque chose de supérieur à la peinture confessent à leur insu qu'ils ne comprennent rien à la peinture. Je ne voudrais pas désoler les gentilshommes campagnards et les roturiers enrichis qui possèdent un appareil photographique et occupent leurs loisirs en fixant sur le papier l'image de leur famille ou de leur parc. C'est un délassement très innocent, que je leur pardonne volontiers. Cependant je dois leur dire que les feuilles de papier qui décorent leurs salons et les ravissent en extase n'ont rien à démêler avec la peinture. Si le front ou le nez de leur progéniture est orné d'une verrue, le soleil la copie avec une exactitude scrupuleuse. C'est là sans doute un avantage précieux pour la ressemblance : il n'y a pourtant pas de quoi se pâmer d'aise. Quand le soleil a dessiné toutes les gerçures des lèvres, toutes les rides des tempes, le portrait reste encore à faire, car l'œuvre du soleil a cela de singulier qu'elle exprime sans pitié les détails que nos yeux n'aperçoivent pas.

Il ne faut donc voir dans la photographie qu'un document à consulter, document très fidèle dans le sens absolu du mot, puisqu'il ne révèle rien d'imaginaire, mais qui nous abuse en nous offrant les choses sous un aspect que nos regards ne peuvent contrôler. Malheureusement la photographie est acceptée aujourd'hui comme une autorité sans appel. Les œuvres du pinceau, on peut le dire sans exagération, sont estimées en raison directe de leur conformité avec la photographie, et je n'hésite pas à dire que la découverte de Daguerre, si estimable d'ailleurs au point de vue scientifique, a puissamment contribué à la corruption du goût public. Je rends pleine justice aux mérites de la photographie, je sais les services que lui doit l'histoire de l'architecture; la collection des monuments de l'Egypte, rapportée par M. Thénard, est assurément une des plus précieuses qu'on puisse mentionner, et je reconnais volontiers que le crayon n'aurait pas mieux fait. Toutefois la photographie, qui suffit à la représentation des monuments, à la représentation des montagnes, ne réussit pas à rendre aussi fidèlement la vie des plantes : dès que la brise vient à souffler, le soleil ne transcrit pas un bouquet de palmiers comme il transcrit le profil des sphinx. Or c'est là précisément ce que les gens du monde paraissent ignorer; ils consultent la photographie comme un oracle, et toutes les fois qu'ils ne retrouvent pas sur la toile ce que la photographie leur a montré, ils se déclarent mécontents. Les peintres qui ne sont pas assez opulents ou assez résolus pour résister au goût corrompu des gens du monde se proposent l'imitation comme but suprême, et accréditent l'erreur que leur bon sens condamne. C'est ainsi que le paysage s'est détourné de sa voie légitime. Pour le ramener dans le droit chemin, il faut s'attacher à remettre en honneur les peintres éminents qui l'ont illustré, et qui malheureusement ne sont pas estimés aujourd'hui à leur juste valeur.

Ruysdaël, qui excelle pourtant dans l'imitation, quoiqu'il poursuive un dessein plus élevé, Ruysdaël, comparé à la photographie, est déclaré inexact, incomplet, et ceux qui aiment la réalité littéralement transcrite diraient volontiers, s'ils l'osaient, que ses œuvres sont des ébauches. Quant à Claude Gellée, quant à Nicolas Poussin, pour qui l'imitation n'a pas la même importance, on les traite encore plus légèrement. Je me souviens d'avoir entendu dire par des hommes qui se donnaient pour sensés, qui par les habitudes de leur vie n'excitaient ni scandale ni surprise, que la renommée du Lorrain et de Nicolas Poussin était une mystification organisée aux dépens de niais par quelques beaux esprits. Cette affirmation paraîtra singulière, et pourtant je n'invente rien. Il y a vraiment parmi nous des peintres qui se trompent à ce point, et qui refusent de bonne foi d'accepter comme légitime la renommée de ces deux maîtres illustres. Demandez-leur pourquoi ils pensent ainsi, ils ne seront pas embarrassés de répondre. Ils vous diront que les œuvres de ces deux maîtres n'ont pas de type dans la nature, et que la gloire qui s'attache à leur nom est une chose convenue entre les affiliés, mais qui ne repose sur aucun fondement solide. Les détromper n'est pas facile, car ils ont d'excellentes raisons pour persister dans leur méprise. La prédilection des amateurs pour l'imitation littérale leur vient en aide. Pourquoi consentiraient-ils à changer d'avis? Ce qui se passe sous nos yeux n'est-il pas de nature à les affirmer dans la doctrine qu'ils défendent? Une galerie est mise en vente. Quels sont les tableaux qui excitent la convoitise des amateurs? A quelle école appartiennent les toiles couvertes d'or? Elles ne viennent ni de Florence, ni de Rome : l'idéal tient trop de place dans l'école florentine et dans l'école romaine. Les amateurs se disputent les œuvres de la décadence, qui n'ont rien à démêler avec l'idéal; les Flamands, les Hollandais qui ne relèvent ni de Rubens, ni de Rembrandt, allument la fièvre des enchères : comment les partisans de l'imitation ne se rendraient-ils pas à cet argument victorieux? Les toiles qui se vendent si cher sont évidemment excellentes ! L'argent sait où il va : il n'irait pas chercher des œuvres sans valeur. Si les Flamands et les Hollandais de second et de troisième ordre ont plus de faveur sur le marché que les Florentins, les Romains, les Vénitiens et les Lombards, c'est qu'on est revenu au bon sens, c'est-à-dire à l'imitation. Les maîtres italiens, abusés

16

par les traditions grecques, poursuivaient la chimère de l'idéal. On sait aujourd'hui, grâce à Dieu, ce que vaut cette folle manie. Une tulipe bien imitée se vend plus cher qu'un *Saint Jérôme en prière*. C'est là un fait irrécusable qui répond à toutes les arguties. Dira-t-on que tous les amateurs se trompent, que les riches n'y entendent rien, et que pour avoir raison il n'est pas nécessaire de posséder une galerie? C'est une objection spécieuse, mais qui ne doit pas effrayer les partisans de l'imitation. Ceux qui ont vu les œuvres italiennes, qui en gardent le souvenir, ne sauraient avoir dans les questions de goût l'autorité de ceux qui possèdent une galerie, et peuvent chaque jour s'éclairer par la contemplation de leurs trésors. La Hollande et la Flandre dominent si bien l'Italie, que la lutte ne s'engage pas entre Rubens et Rembrandt d'une part, et les chefs des écoles romaine ou florentine de l'autre. Amsterdam et Anvers comprenaient si bien la vérité dans le domaine de la peinture, que les hommes de second ordre qui ont respiré l'air de ces villes privilégiées réunissent aujourd'hui la majorité des suffrages. Qu'on ne parle pas d'engouement : ceux qui dénouent les cordons de leur bourse ou fouillent dans leur portefeuille pour témoigner leur préférence ne sont pas à dédaigner. Une table couverte de légumes leur plaît mieux qu'une scène biblique ou évangélique. Qui oserait leur donner tort? Est-ce qu'ils ont négligé de s'éclairer?

L'excellence de la photographie est si bien établie pour les amateurs, et malheureusement aussi pour un grand nombre de peintres, que je n'espère pas la réduire aujourd'hui à sa juste valeur. Pour dessiller les yeux de ses admirateurs engoués, il faudra certainement renouveler plus d'une fois la discussion; mais quand on a pour soi la raison, le bon sens, l'expérience, le goût, on ne doit pas se décourager. J'aime à penser d'ailleurs que mes paroles ne resteront pas sans écho. Ce que je dis, d'autres le diront, et les oreilles les plus rebelles finiront par entendre. Les partisans les plus résolus de l'imitation, qui ne rêvent rien au-delà d'une copie littérale de la nature, auront beau s'obstiner dans leur opinion : bon gré, mal gré, ils seront forcés de céder à l'évidence. Quand les hommes les plus habiles, qui reproduisent avec une adresse merveilleuse le tronc d'un chêne, les brins de mousse et le lichen, verront la foule passer indifférente devant leurs tours de force, il faudra bien qu'ils changent d'avis pour ressaisir leur popularité. A cet égard, je suis sans inquiétude : le temps fera ce que mes paroles ne peuvent faire aujourd'hui. Je me fie à la bonté de ma cause pour achever ce que je commence.

Les objections ne manquent pas. L'intervention de la pensée dans le paysage est traitée de rêverie par des hommes d'un mérite réel, que je louerai toujours avec empressement, parce qu'ils ont dépensé les plus belles années de leur vie dans un travail sérieux. Je rends pleine justice à la persévérance de leurs efforts, et je reconnais sans hésiter qu'ils possèdent une part de la vérité; mais cette part est-elle la plus belle ? La solution n'est pas difficile à deviner. Ou les trois maîtres que j'ai choisis, et qui sont les plus illustres dans le domaine du paysage, ont abusé leurs contemporains et la postérité, ou l'imitation n'est que la moitié de l'art. Ceux qui excellent dans l'imitation disposent d'un moyen sans doute très puissant, mais ils se méprennent sur l'emploi de ce moyen. Doués d'un regard pénétrant, au lieu de chercher le but vers lequel ils doivent marcher, ils comptent les cailloux et les brins d'herbe du chemin. À l'heure où nous parlons, ils peuvent railler nos théories tout à leur aise : ils ont pour eux le succès, et l'engouement des amateurs leur donne beau jeu contre nous; mais nous avons pour nous les œuvres consacrées depuis longtemps par une légitime admiration, et nous ne craignons pas les railleries. Dans le domaine du paysage comme dans le domaine de la peinture historique ou religieuse, la renommée ne s'attache qu'à l'expression de la pensée. Un regard attentif, une main habile ne donnent que des succès de courte durée. Ruysdaël, le Lorrain, Nicolas Poussin se proposaient un but moins facile à toucher que l'imitation littérale, et leur gloire n'est pas entamée.

Toute œuvre qui n'a pas un caractère personnel est condamnée à périr, c'est-à-dire à tomber dans l'oubli. Or, quoique tous les hommes voués à la pratique de la peinture n'envisagent pas la réalité vivante ou inanimée sous le même aspect, il est pourtant hors de doute qu'ils ne sauraient apporter une grande variété dans la représentation de ce qu'ils voient. Tant qu'ils demeurent sur le terrain de l'imitation, quelle que soit la diversité de leurs facultés, l'inégalité de leurs forces, la comparaison ne s'établit qu'entre la copie et le modèle. Quel que soit le degré d'habileté, c'est toujours une œuvre impersonnelle. Dès que la pensée, dès que l'émotion n'interviennent pas, l'histoire n'a pas à s'occuper de pareilles tentatives. Les contemporains peuvent applaudir, la postérité n'en sait rien, n'en veut rien savoir.

Ceux qui cherchent dans le paysage le portrait d'un coin de bois, d'un pré, d'une rivière ou d'une colline, croient volontiers qu'il est impossible de concilier l'imitation et l'expression. Ils s'imaginent que voir et penser sont deux actes contradictoires; ils oublient que l'impression produite en nous par les choses est d'autant plus vive, d'autant plus profonde, que nos facultés morales appartiennent à un ordre plus élevé. Eh bien! pourquoi ceux qui sentent vivement, ceux qui comprennent mieux et plus vite que la foule ne tradui-raient-ils pas sur la toile ce qu'ils ont vu aussi fidèlement que les hommes doués de facultés vulgaires? C'est une erreur accréditée, je le sais bien, mais dont le crédit ne m'inspire aucun respect. Ceux qui vivent sans penser ne copient pas mieux que ceux qui pensent après avoir vu, mais ils copient autrement, je le reconnais volon-tiers. Ils tâchent de reproduire tout ce que leurs yeux ont aperçu, tandis que les peintres habitués à contempler tour à tour ce qui est devant eux et ce qui est en eux choisissent dans la nature les par-ties qui intéressent et négligent les parties sans importance. Est-ce donc là un signe d'infériorité? On ne s'étonnera pas que j'en doute. Les Hollandais, qui ont excellé dans la représentation des plantes et des animaux, ne se classent pas en raison de leur exactitude, mais en raison de l'intérêt qu'ils ont su mettre dans leurs ouvrages. S'il en était autrement, la photographie dominerait tous les maîtres, et tout espoir de lutter avec elle serait insensé.

Si la photographie domine tous les maîtres, si les peintres sont d'autant plus habiles qu'ils se rapprochent davantage de cette re-présentation impersonnelle de la nature, l'éducation des paysa-gistes ne doit plus avoir qu'un seul but : augmenter la puissance du regard. Quant à la docilité de la main, c'est quelque chose sans doute; la longueur des phalanges, la délicatesse du toucher, ne sont pas sans importance, mais ne peuvent se comparer à la puissance du regard. Est-ce là que veulent en venir les partisans exclusifs de l'imitation? Le paysage ne doit-il plus compter parmi les arts li-béraux, c'est-à-dire parmi ceux qui relèvent de la pensée? J'aime à croire que les admirateurs les plus ardents de la réalité littérale reculeraient devant cette conséquence : ils ne consentiraient pas à ranger la peinture de paysage parmi les métiers. Cependant, à voir le train que suivent les choses, on pourrait craindre que l'intelligence ne fût bientôt considérée comme superflue pour l'exercice de cette profession. Ceux qui manient le pinceau, comme ceux qui mettent leur orgueil à posséder une galerie, ne semblent pas faire grand cas de la composition. Inventer leur paraît une chose secondaire; les toiles qui nous viennent des Alpes ou des Pyrénées s'adressent aux yeux, et ceux qui les signent ne songent guère à susciter en nous des pensées nouvelles.

Ce qui se passe ne m'étonne pas. Je crois que la peinture de paysage est engagée dans une route qui ne mène ni à la vérité ni à la renommée; mais il n'était pas difficile de prévoir ce qui arrive. Pendant que Louis David demandait aux statues antiques la régénération de la peinture historique, le paysage, dont il n'avait aucun souci, tâchait d'atteindre à la noblesse en négligeant l'imitation de la nature. Les œuvres qui prétendaient au grand style, et qu'on admirait sur parole, n'obtiennent aujourd'hui que notre indifférence, quand elles n'excitent pas notre hilarité. Les peintres de nos jours qui s'occupent de paysage ont voulu réagir contre le faux goût de l'époque impériale. L'intention était excellente; mais en cherchant le style naïf, ils ont trouvé le style prosaïque. Sans doute ils sont plus près de la vérité que leurs devanciers immédiats ; ils se trompent pourtant s'ils croient conquérir une place glorieuse en s'arrêtant au point où ils sont parvenus. Le paysage de l'époque présente, quoique très supérieur au paysage de l'époque impériale, ne mérite pas encore d'être comparé aux plus belles œuvres du genre. Tant qu'il ne consentira pas à devenir poétique, ou, pour parler plus exactement, tant qu'il n'essaiera pas de le devenir, il ne sera pour les esprits élevés qu'un art secondaire. Il sera rangé parmi les passe-temps agréables, et ne sera vraiment rien de plus. Il a de plus hautes prétentions, et la faveur dont il jouit est pour lui sans doute un argument victorieux; toutefois, s'il veut prendre dans l'histoire de la peinture un rang aussi élevé que les œuvres de Ruysdaël et de Nicolas Poussin, il faut absolument qu'il renonce à ses habitudes, à ses prédilections.

D'ailleurs la question qui s'agite aujourd'hui à propos du paysage n'est pas nouvelle. Pour peu que nous consultons l'histoire des formes diverses de l'imagination, nous retrouvons la même question à propos de la sculpture, de la poésie. Dans le passé comme dans le présent, nous voyons l'imitation et l'idéal se disputer le domaine de l'art. J'ai dit ce que je pense de l'imitation dans la sculpture, et pour donner à mon avis une autorité que personne ne pût contester, j'ai résumé en quelques pages l'histoire de l'art grec. Je n'ai pas à revenir sur ce point. Dans la poésie, l'imitation et l'idéal ont eu le même sort que dans la sculpture. Si j'avais à présenter des arguments à l'appui de cette affirmation, je n'aurais vraiment que l'embarras du choix. Je trouve chez une nation voisine une démonstration sans réplique. L'imitation et l'idéal sont représentés en Angleterre par deux hommes qui ont eu chacun leur part de popularité, mais dont la valeur est fort inégale : j'ai nommé Byron et Crabbe. Ceux qui tiennent pour l'imitation mettent Crabbe bien au-dessus de Byron, et le client qu'ils ont pris sous leur protection possède assez de talent pour justifier leur sympathie. Cependant, malgré tout le mérite qui recommande les œuvres de Crabbe, le nom de Byron est demeuré plus grand que celui du poète qu'on a voulu lui donner pour rival. Pourquoi? C'est que Byron ne se contentait pas de raconter ce qu'il avait vu, mais s'efforçait constamment de l'agrandir, de le transformer, et, dans le domaine poétique, l'autorité de l'Angleterre ne vaut pas moins que l'autorité de la Grèce dans le domaine de la sculpture. Une nation qui peut mettre dans la balance Shakspeare, Milton et Byron n'est pas à dédaigner. Les plus sceptiques auraient mauvaise grâce à récuser son autorité. Les œuvres de Crabbe sont l'image de la réalité fidèlement, littéralement transcrite, et cette image n'a pas gardé la popularité qu'elle avait acquise. Les œuvres de Byron s'élèvent au-dessus de la réalité, et gardent encore aujourd'hui l'importance qu'elles avaient, il y a trente-trois ans, quand Byron mourut en défendant l'indépendance de la Grèce.

Mais il ne faut pas insister trop longtemps sur l'histoire de la poésie à propos de l'histoire du paysage, car les partisans de l'imitation ne manqueraient pas de répudier cette comparaison comme inopportune. La seule manière de traiter la question qui nous occupe maintenant, c'est d'établir nettement la nature des arts du dessin. J'ai parlé de la photographie et des dangers qu'elle présente. Ces dangers sont connus depuis longtemps de tous ceux qui aiment la peinture, et je dois ajouter qu'ils étaient prévus dès le premier jour. Cependant il ne faut pas s'abuser sur la valeur de la photographie envisagée comme moyen d'imitation. L'œuvre du soleil, admirée comme un prodige de fidélité et qui reproduit en effet les détails que le regard humain n'atteindra jamais, que le pinceau ne saurait copier, l'œuvre du soleil est parfois infidèle. Quand la photographie s'adresse aux monuments, elle fait ce que le pinceau ne pourrait pas faire; dès qu'elle s'adresse à la vie, elle est obligée de confesser son impuissance. Elle transcrit la forme de la pierre, elle est inhabile à transcrire les animaux et les plantes, car la vie, c'est le mouvement, et le mouvement se dérobe à la photographie. Eh bien! ce qui échappe au soleil échapperait au pinceau, si le pinceau voulait reproduire la réalité tout entière; mais le peintre, forcé de s'avouer vaincu tant qu'il demeure sur le terrain de l'imitation littérale, domine la photographie dès qu'il ajoute la pensée au témoignage des yeux. Il choisit parmi les mouvements des plantes et des animaux ceux qu'il peut rendre, et néglige sans regret ceux qui défient l'imitation. La puissance du pinceau n'est pas illimitée; les arts du dessin ne sont pas destinés à reproduire ce que nous voyons, mais à faire un choix parmi les objets qui s'offrent à notre vue, et quand ils ont choisi, leur tâche n'est pas achevée. Quand ils n'ont rien à exprimer, ils n'exercent aucune action sur les esprits élevés.

Dans un paysage comme dans un tableau d'histoire, c'est la réalité qui saisit la foule, je ne veux pas le contester. On croit fermer la bouche aux défenseurs de l'idéal en produisant cet argument; on oublie que le sentiment de la beauté, qui sommeille chez le plus grand nombre, a besoin pour s'éveiller d'études nombreuses, d'études assidues. L'utile est compris de tous, le vrai n'arrive pas à toutes les intelligences. Le sentiment du beau se développe dans des conditions encore plus rares que le sentiment du vrai. Les partisans de l'imitation littérale sont donc mal venus à citer le témoignage de la foule comme excellent, comme décisif : ce qui plaît aux esprits délicats n'est pas à la portée de la foule. Pourquoi s'en étonner? La foule a d'autres soucis que l'étude de la beauté. Le temps lui manque pour entreprendre l'éducation de toutes les facultés qu'elle possède. Si le temps ne lui manquait pas, elle arriverait à comprendre dans une certaine mesure les questions les plus délicates de la science et de l'art; je dis dans une certaine mesure, parce que tous les hommes ne sont pas doués de facultés égales. Dans le mouvement de la vie moderne, il est facile de comprendre que les conditions de la beauté sont ignorées du plus grand nombre. Il n'est donc pas surprenant que sur mille spectateurs il s'en trouve dix tout au plus qui ne considèrent pas l'imitation comme le but suprême des arts du dessin. C'est le contraire qui devrait nous frapper de stupeur. Une branche d'arbre, une grappe de raisin habilement copiées s'adressent à toutes les intelligences. Une pensée qui prend pour interprète l'aspect d'une vallée ou d'une montagne ne s'adresse qu'aux intelligences préparées par l'étude à la perception de la beauté.

Je ne me suis jamais incliné devant le succès. Aussi la popularité qui s'attache maintenant au paysage d'imitation ne change pas les notions que j'ai puisées dans l'histoire de la peinture. Ce qui était vrai pour moi quand dominait la tradition mal comprise du haut style reste vrai même aujourd'hui, en présence de l'imitation qui prévaut, et comme je n'ai pas encore réussi à propager ma pensée en demeurant sur le terrain de la théorie pure, comme en parlant des artistes vivants, j'ai rencontré une vive résistance, j'ai recours maintenant à l'autorité de l'histoire. Les vérités théoriques exigent trop d'attention pour être saisies la première fois qu'elles s'offrent aux lecteurs, et quand on parle des artistes vivants, on s'expose trop souvent au reproche d'injustice. On a beau s'exprimer avec une bonne foi parfaite, ne rien dire en-deçà, ne rien dire au-delà de sa pensée : quand on ne ratifie pas les éloges prodigués au portrait d'une *villa* ou d'une prairie, on passe facilement pour un homme sans goût ou sans bienveillance. Sur le terrain de l'histoire, on se meut plus librement.

Personne, je l'espère, ne m'accusera de vouloir dénigrer Ruysdaël. Si je ne le place pas sur la même ligne que Nicolas Poussin, on pourra dire tout au plus que je ne m'y connais pas, ce qui ne sera pas pour moi un sujet de chagrin; on ne dira pas qu'en parlant du maître hollandais, je sers des rancunes qui n'osent s'avouer. Pourvu qu'on ne mette pas en doute ma sincérité, je fais bon marché des reproches les plus vifs. J'ai trop douté avant d'affirmer pour m'étonner que ma pensée ne soit pas acceptée sans résistance. Les objections ne m'effraient pas. Je fais de mon mieux pour les réfuter, quand elles me semblent mal fondées. Quand elles me paraissent légitimes, je me rends à l'évidence. La discussion n'est pour moi qu'une forme nouvelle donnée à l'étude. Je crois que Jacques

Ruysdaël n'a pas la même valeur que Claude Lorrain, que Nicolas Poussin. Avant d'arriver à cette conclusion, je n'ai rien négligé pour m'éclairer. Ai-je tort de penser ainsi? ai-je tort de placer l'idéal au-dessus de l'imitation? Si la comparaison du présent et du passé venait me démontrer que je me suis trompé, je n'hésiterais pas à le reconnaître, car, dans les questions de goût comme dans les questions scientifiques, les faits, en se multipliant, peuvent modifier une pensée qui d'abord semblait vraie. Toutefois j'ai lieu de croire que Ruysdaël, Claude Lorrain et Nicolas Poussin représentent le développement du paysage. Les œuvres des peintres vivants se rattachent pour la plupart au maître hollandais. Ce que je dirai de lui ne pourra donc manquer de les atteindre. Quant aux deux maîtres français, leurs disciples sont aujourd'hui peu nombreux.

On peut demander pourquoi Claude Lorrain et Nicolas Poussin, au lieu de chercher en France le cadre ou le sujet de leurs compositions, ont préféré le paysage d'Italie. Ce n'est pas chez eux pur caprice : ils avaient trop de gravité dans le caractère pour se décider légèrement. Quel était donc le motif de leur préférence? Il n'est pas douteux pour ceux qui ont quitté leur clocher qu'on ne trouve dans notre pays d'admirables points de vue. Les montagnes du Dauphiné, les montagnes de l'Auvergne, offrent sans contredit des sujets d'étude dignes du pinceau le plus habile. Cependant, quand on a vu la campagne romaine, on est forcé de reconnaître que l'Italie présente, sinon plus de grandeur, au moins plus de simplicité. Or, dès qu'il s'agit d'encadrer l'expression d'une pensée dans un paysage, la simplicité acquiert une immense importance. Est-ce la campagne romaine qui a déterminé le caractère habituel des compositions signées de ces deux noms illustres? Est-ce au contraire la nature même de leur génie qui a porté ces deux hommes si richement doués à préférer l'Italie à la France? Je croirais volontiers que chacune de ces deux solutions renferme une part de vérité. Nous avons des montagnes et des vallées qu'on ne peut contempler sans ravissement; mais trop souvent les détails sont tellement nombreux et tellement variés, qu'ils suffisent pour occuper l'attention. Il n'est pas défendu d'en supprimer une partie, mais comme ils intéressent par leur aspect original, le peintre se laisse aller au plaisir de les conserver. Il ne sent pas le besoin d'animer ce qu'il voit en cherchant dans la nature l'expression d'une pensée purement

humaine. La simplicité de la campagne romaine invite à la méditation. Les ruines des aqueducs, les montagnes qui se découpent à
l'horizon et qui paraissent voisines, quoique placées souvent à dix
lieues de distance, les plantes sauvages qui envahissent la plaine,
tout oblige l'homme à se replier sur lui-même. S'il tient le crayon
ou le pinceau, il sent le besoin d'encadrer dans ce paysage solennel
quelque scène empruntée au passé, ou bien, si l'histoire ne lui est
pas familière, il s'abandonne à sa rêverie, et veut associer à l'expression de ses souvenirs personnels la forme des ruines, la ligne des
montagnes et la plaine qui ne connaît plus le soc de la charrue.

Je ne m'étonne donc pas que Nicolas Poussin et Claude Lorrain
aient préféré le paysage romain au paysage de leur pays. Cependant, tout en m'expliquant cette préférence, je ne voudrais pas
conseiller aux peintres français de traiter des sujets du même ordre
en les plaçant dans le même cadre. Ce qui me semblerait expédient
pour donner au paysage de notre temps l'élévation, la grandeur
et la simplicité qui lui manquent, ce serait d'étudier l'Italie avant
d'imiter ce que nous avons sous les yeux. Cet avis pourra sem-
bler singulier à plus d'un lecteur. Toutefois je crois qu'il n'étonnera
pas ceux qui ont l'habitude de réfléchir. Quel devrait être en effet
le fruit naturel de cette étude préliminaire? Le peintre qui tente-
rait l'imitation de l'Auvergne ou du Dauphiné, après avoir visité
l'Italie, serait amené à son insu à simplifier ce qu'il aurait devant
lui. Avec le secours de ses souvenirs, il agrandirait le modèle qu'il
aurait choisi, au lieu de le copier. Et qu'on ne vienne pas dire que
l'application d'une telle méthode s'opposerait au développement
des génies originaux : autant vaudrait affirmer que la lecture des
poètes de l'antiquité empêche l'expression d'une pensée nouvelle.
Le spectacle de la nature italienne rend au paysagiste le même
service que la connaissance des œuvres lyriques ou tragiques des
siècles d'Auguste ou de Périclès à ceux qui veulent écrire des odes
ou des drames. L'étude n'étouffe pas l'originalité. Il serait imprudent
sans doute de conseiller aux paysagistes français une soumission
absolue envers leurs plus illustres devanciers, mais il n'est pas ino-
pportun de leur recommander comme excellente la source où ils
ont puisé. que nos contemporains apprennent à parler la langue de
Poussin et du Lorrain, et le pinceau traduira sans effort leurs sentiments et leurs pensées. Or, pour connaître la langue de ces deux

maîtres, il ne suffit pas de contempler leurs œuvres; il faut encore voir ce qu'ils ont vu, c'est-à-dire savoir comment leur style s'est formé. Par l'étude simultanée de ce qu'ils ont créé et des éléments dont ils disposaient, on n'arrive pas à surprendre le secret de leur génie : il y a toujours dans ces natures privilégiées quelque chose qui échappe à nos investigations; on arrive du moins à comprendre la nécessité de ne pas s'en tenir à l'imitation littérale, et c'est déjà un grand pas de fait. Puisqu'en face d'une nature grande, simple, sévère, ils ont senti le besoin de ne pas transcrire ce qu'ils avaient devant les yeux, à plus forte raison doit-on suivre leur méthode en face d'une nature moins simple, moins sévère et moins grande. La théorie se trouve ainsi confirmée par l'expérience, et le doute n'est plus permis. On sait pourquoi ils ont ajouté leur pensée au té-moignage de leurs yeux, et l'on ne veut plus réduire le rôle du pin-ceau à la copie servile de la nature. Les œuvres de ces deux maîtres que nous possédons au Louvre enseignent cette vérité aux esprits clairvoyants. La vue de l'Italie, comparée à la vue de leurs œuvres, dessille les yeux mêmes qui n'ont pas une grande puissance, et je ne suis pas seul de mon avis, car les plus habiles ont suivi la route que j'indique.

Ce n'est pas sans raison qu'en parlant de l'Italie, j'ai insisté sur le caractère de la campagne romaine sans nommer les autres parties de ce beau pays. Il existe en effet une différence profonde entre le paysage romain et le paysage napolitain par exemple. Le voya-geur qui n'est pas habitué à se rendre compte des impressions qu'il reçoit peut d'abord préférer le paysage napolitain au paysage ro-main : il se laisse éblouir par la splendeur de la lumière. S'il est habitué à réfléchir sur ce qu'il voit et s'il connaît Rome, il ne tarde pas à comprendre que pour le peintre la pureté des contours vaut mieux que la lumière la plus splendide. Quelques instants avant le coucher du soleil, quand on regarde du haut du Pausilippe Ischia et Capri, dont la couleur change de minute en minute et passe du rose tendre au bleu, puis au gris, on est saisi d'admiration. Ischia et Capri sont à vingt-cinq milles, et la lumière, en les inondant, les rapproche de l'œil, on croit qu'on va les toucher; mais on n'aperçoit jamais la forme de ces deux îles comme celle des montagnes qui se découpent à l'horizon de la campagne romaine. C'est pourquoi Claude Lorrain et Nicolas Poussin ont été bien avisés en choisissant pour cadre de leurs compositions les bords du Tibre, Albano, l'Ariccia. Salvator Rosa, dont les gens du monde ont singulièrement exagéré le mérite, se plaisait à reproduire le paysage napolitain, et, quoiqu'il ait souvent fait preuve de talent, il n'a jamais rien produit qui fut empreint d'une vraie grandeur. La nature de ses facultés, son éducation ne sont pas les seules causes auxquelles nous devions attribuer le caractère de ses compositions : le choix du cadre est d'une immense importance. Or, dans le paysage napolitain, les lignes harmonieuses ne se présentent pas fréquemment; ce qui s'offre à nos yeux est plutôt bizarre que beau. Cette singularité de lignes se retrouve dans les ouvrages de Salvator Rosa. Sans parler de l'exécution, qui laisse beaucoup à désirer, et qui étonne plus souvent qu'elle ne charme, nous sommes obligé de reconnaître qu'il satisfait bien rarement aux conditions de l'harmonie linéaire. Pour les partisans de l'imitation pure, c'est une chose toute simple, et qui ne soulève aucune objection. Salvator a copié ce qu'il voyait habituellement, et l'on est mal venu à blâmer la fidélité de son pinceau; mais Salvator, qui ne compte pourtant pas parmi les peintres de premier ordre, ne faisait pas fi de l'idéal : il s'efforçait à sa manière d'agrandir ce qu'il voyait. S'il n'a pas mieux réussi, ce n'est pas faute de bon vouloir.

Les environs de Florence et la Toscane tout entière, sans offrir la même grandeur que la campagne romaine, présentent pourtant à la peinture plus de ressources que le royaume de Naples. Parmi les diverses parties de l'Italie, c'est la seule qui se rapproche du paysage romain par l'harmonie linéaire. Quand on a gravi la pente qui mène à Fiesole, on aperçoit des motifs nombreux, simples, variés, qui sollicitent le pinceau. A Pise, le peintre se trouve encore plus heureusement placé. Je ne parle pas des palais qui charment le regard par leur élégance plus encore que par leur richesse, je parle des montagnes dont le bleu sombre se détache sur l'azur du ciel. C'est un spectacle qui ravit les plus indifférents et ne s'oublie jamais. Ce n'est pas aussi beau que les environs de Rome ou de Subiaco, mais c'est un cadre excellent pour celui qui sait manier le pinceau de façon à révéler sa pensée en prenant pour interprète la nature qu'il a devant lui.

Les plaines opulentes de la Lombardie, très dignes d'étude pour l'agronome, n'offrent pas au peintre un bien vif intérêt. Quant à Venise, c'est un spectacle dont le type ne se retrouve nulle part, qu'on se rappelle avec bonheur ; mais ce n'est pas en se promenant sur le Grand-Canal qu'on peut concevoir l'idée d'un beau paysage. Le Lido se prête à la rêverie, et ne serait pour la peinture qu'un thème indigent.

Il faut donc préférer pour l'étude, pour l'imitation, pour le développement de la pensée, les plaines et les montagnes que Poussin et Claude Lorrain ont préférées. C'est le parti le plus sage, et, quoi que puissent dire les partisans de l'originalité absolue, la vue du Campo-Vaccino et du Colisée, du lac de Nemi et de la tour crénelée d'Ostie est sans danger pour ceux mêmes qui se proposent de représenter la Bretagne et la Normandie. Ce qu'il y a de salutaire pour l'esprit dans le séjour de Rome, dans l'exploration des environs, ce n'est pas seulement ce qu'on voit : les souvenirs qui s'éveillent à chaque pas donnent le goût de la méditation, et la méditation mène à l'amour des grandes choses. Quand on a vécu parmi les ruines pendant quelques mois, on traite avec dédain, c'est-à-dire avec justice, tout ce qui est mesquin. Est-ce donc là vraiment un danger dont il faille s'alarmer ? Les peintres doivent-ils éviter Rome, s'ils veulent garder une physionomie individuelle ? Ceux qui le croient tombent dans une étrange méprise, et se font de l'originalité une singulière image. S'ils prenaient la peine d'analyser ce qu'ils affirment, ils sentiraient qu'ils confondent deux choses fort diverses, — l'impersonnalité, qui se réfugie dans l'imitation, et l'originalité vraie, qui se compose de mémoire et de volonté.

Le peintre qui, en maniant le pinceau, consulte sa mémoire, ou qui, se défiant de sa mémoire, veut voir à chaque instant ce qu'il a résolu de copier et se dispense d'intervenir dans son œuvre par sa volonté, peut-il se vanter de posséder une physionomie individuelle ? Pour le croire de bonne foi, il faudrait commencer par changer la valeur des mots. Qu'il trouve, à force de patience, un procédé particulier pour imiter l'écorce du hêtre ou du bouleau, et qu'il baptise son procédé du nom d'originalité, je ne m'en plaindrai pas ; s'il ne vise pas plus haut, s'il se contente à si bon marché, je lui pardonnerai son innocent orgueil, mais il ne sera jamais pour moi qu'un habile ouvrier. Pour atteindre à l'originalité, d'autres facultés sont requises, des facultés d'un ordre plus élevé. Tout homme qui ne met pas dans son œuvre l'empreinte de sa volonté doit renoncer à cette prétention. La patience seule est de la volonté, lorsqu'elle s'applique au travail; mais dans le domaine esthétique toute volonté qui n'est pas la forme active d'une pensée ne mérite aucune attention, et tant qu'on n'aura pas trouvé l'expression d'une pensée dans l'écorce du hêtre ou du bouleau, il faudra se résigner à ne pas compter ceux qui l'imitent fidèlement parmi les peintres originaux. La méprise que je relève s'explique aisément par de récentes mésaventures. Il est arrivé à plus d'un de ne pas mesurer ses forces et de se croire appelé à de hautes destinées. Un paysagiste à peine parvenu à la virilité fait le voyage d'Italie après avoir copié heureusement des pâturages de Normandie. Plein de confiance, enhardi par les succès de sa jeunesse, il traite au retour des sujets qui ne sont pas à sa portée. Il échoue, il s'étonne, il s'afflige; ses amis partagent son étonnement et son chagrin. L'échec n'est pas douteux. Est-ce le peintre qui a tort? Non vraiment. Le public se trompe-t-il en déclarant l'œuvre nouvelle moins digne d'attention que ses sœurs aînées? Non, le public a raison. Le seul tort de l'auteur, c'est d'avoir visité l'Italie, d'avoir troublé par un voyage imprudent la sérénité de son intelligence. Avant cette folle équipée, il avait le regard pénétrant, la main sûre. Il faisait tout ce qu'il voulait, et n'échouait jamais dans l'accomplissement de son dessein. Depuis qu'il a franchi les Alpes, tout est changé; son regard est moins pénétrant, sa main hésite. On dirait qu'il aperçoit la nature à travers un voile, et que son pinceau refuse de lui obéir. Qu'il eût agi plus sagement en copiant toute sa vie les pâturages de Normandie !

Ai-je besoin d'écrire la péroraison de cette belle harangue? — Il faut se défier de l'Italie. — On n'oublie qu'une chose, c'est que les plus grands spectacles ne suscitent pas de grandes pensées dans toutes les intelligences. Les mésaventures que je rappelle ne prouvent rien, sinon qu'au-delà comme en-deçà des Alpes on garde ses facultés primitives. Cette conclusion ne vaut pas un blasphème. Ne profite pas qui veut des lectures les plus instructives; est-ce une raison pour maudire les livres, qui demeurent inutiles pour les intelligences vulgaires? Pourquoi les Italiens, en face d'une nature qui se prête si admirablement à la peinture du paysage, n'ont-ils jamais engagé une lutte sérieuse avec la Hollande et la France dans cette partie de l'art? C'est une question qui se présente naturellement, et qui n'est pas sans intérêt. Il semble en effet qu'ils étaient mieux placés que personne pour tenter l'imitation de la nature inanimée ou de la nature muette. Et cependant l'Italie ne compte pas un paysagiste éminent! L'imagination ne lui manque pas. Dieu merci! L'Italie tient le premier rang dans la peinture historique; elle réunit au plus haut point toutes les facultés nécessaires pour réussir dans toutes les parties de l'art. Est-ce dédain de sa part? Aurait-elle pris pour vraie la parole de Michel-Ange? Je répugne à le penser. Je crois plutôt que les Italiens, habitués à contempler les merveilles de leur climat, sont arrivés à leur insu à une sorte de satiété, et ne sentent pas le besoin d'imiter ce qu'ils ont devant les yeux depuis leurs premières années. Pour tenter la peinture de paysage, il ne faut pas seulement aimer ce qu'on voit, il faut encore le regarder avec curiosité. Or les Italiens sont depuis longtemps blasés sur les beautés de leur pays : ils aiment ce qu'ils ont devant les yeux, ils ne songent pas à le regarder.

Cette explication de leur infériorité dans le paysage ne serait pourtant pas sans réplique. Je ne parle pas des arguments tirés de l'histoire même de la peinture : les paysages de Dominiquin qui se voient à la villa Aldobrandini prouvent que les Italiens ne sont pas inhabiles dans ce genre; mais pour que l'explication proposée fût vraiment satisfaisante, et fermât la bouche aux plus sceptiques, il faudrait supprimer l'exemple de la Hollande, qui compte un grand paysagiste, une foule de paysagistes habiles, et qui cependant n'a cherché qu'en elle-même des sujets d'imitation. L'absence de curiosité ne suffit donc pas pour se rendre compte de l'infériorité de l'Italie dans le domaine du paysage. Il faut chercher ailleurs la cause du fait qui nous occupe. La satiété n'est pas à négliger; mais on pourrait à bon droit demander pourquoi l'Italie serait demeurée indifférente au spectacle de la nature, tandis que la Hollande s'en préoccupait. Je crois que l'histoire particulière de l'Italie répond à toutes les objections. Le gouvernement pontifical devait naturellement encourager la peinture religieuse, et les trésors dont il disposait, trésors renouvelés par la piété des fidèles, avaient une destination marquée d'avance, la décoration des églises. Les plus grands génies de la peinture représentaient sur les murailles du Vatican, de La chapelle Sixtine, les scènes de l'Ancien Testament ou de l'Evangile. Quand on récapitule tout ce qu'il y a de talent dépensé dans les églises de Rome, on s'explique aisément que le temps ait manqué à l'Italie pour s'occuper du paysage. Toutes ses pensées, tous ses efforts dans le domaine de la peinture se portaient vers les sujets religieux. Devons-nous le regretter? Jamais la Genèse, l'Exode, l'Evangile, n'ont été interprétés plus habilement que par les maîtres italiens. Et quand ces génies privilégiés abandonnaient l'Écriture sainte pour aborder la légende, ils n'étaient pas moins heureux. Les paysages de Dominiquin, justement admirés, ne tiennent qu'une très petite place dans la vie de l'auteur. La Tribune de Saint-André-della-Valle, la chapelle de Saint-Basile à Grotta-Ferrata, suffiraient à sa gloire. C'est là qu'il a mis le sceau de son génie. Quand il quittait la figure humaine pour la nature muette, ce n'était pas chez lui un libre choix : il acceptait une commande qu'il ne pouvait refuser.

Je ne m'étonne donc pas que l'Italie ne compte pas un paysagiste du même ordre que Claude Lorrain et Poussin; elle a dépensé tout son génie dans les sujets bibliques. Ceux qui auraient tenté de représenter la nature inanimée se seraient trouvés aux prises avec la plus dure condition : ils n'auraient pu compter que sur les encouragements des particuliers; mais à Rome, comme ailleurs, l'exemple des grands est suivi par tous ceux qui approchent des grands. Un coin de l'Italie copié par un pinceau habile n'aurait attiré que les regards de quelques voyageurs opulents, et ce n'était pas assez pour décider le génie national à se frayer une route nouvelle. Or la Hollande et la France étaient placées dans d'autres conditions. Pour elles, la peinture religieuse n'était pas le seul moyen de s'illustrer et d'ajouter à la célébrité une vie douce et facile : elles ont traité les sujets bibliques avec moins d'habileté, mais presque aussi souvent que la patrie de Michel-Ange et de Raphaël, car les traditions chrétiennes sont une mine féconde dont les peuples de l'Europe se partagent les filons sans les épuiser. Seulement le génie français, le génie hollandais, pouvaient tenter l'imitation de la nature muette sans redouter l'indifférence ou le dédain. Comme le gouvernement n'était pas confondu avec la religion, ils n'étaient pas obligés d'interroger à toute heure le Pentateuque et l'Evangile, sous peine de voir leurs œuvres méconnues ou délaissées. Pour un Hollandais enrichi par le commerce, un paysage pris dans une terre qu'il possède a tout l'intérêt d'un portrait de famille. Bien des Français nés dans la richesse sont hollandais sur ce point. Il était donc naturel que l'imagination et le talent des peintres se tournassent de ce côté. Il est vrai que la représentation d'une maison de campagne soumise au contrôle du propriétaire n'est pas précisément un paysage dans le sens le plus élevé du mot ; mais c'est le point de départ, comme la copie d'une figure. Comme le peintre ne peut exprimer sa pensée qu'en se servant de l'imitation ainsi que l'orateur de la parole, la représentation fidèle d'un champ, d'une prairie, d'un moulin ou d'un ruisseau n'est pas à dédaigner. C'est la formation d'une langue. Celui qui la parle correctement est en mesure de nous intéresser, pourvu qu'il ait quelque chose à nous dire. S'il n'a pas le goût de la réflexion, s'il n'est pas doué d'une imagination active, il nous laisse indifférents, comme les écrivains qui savent assembler les mots dans un ordre merveilleux, mais qui ne savent ni éclairer l'intelligence ni émouvoir le cœur.

Les conditions du paysage telles que les ont comprises Claude Lorrain et Nicolas Poussin sont d'une nature tellement élevée, qu'elles réduisent à leur juste valeur les paroles attribuées à Michel-Ange. Sans doute les compositions où la figure est le sujet principal tiennent le premier rang dans la peinture, mais cela n'est vrai que d'une manière générale, et quand il s'agit d'œuvres signées de ces noms, il faut que la règle fléchisse. Pourquoi en effet la figure tient-elle le premier rang dans la peinture ? Ce n'est pas seulement parce qu'elle offre au pinceau un plus grand nombre de difficultés qu'un arbre ou une montagne ; c'est aussi et surtout parce qu'en raison même de sa nature, elle est soumise à des expressions diverses. Or Claude Lorrain et Nicolas Poussin, en faisant du paysage l'interprète de leur pensée au lieu de dépenser toute leur habileté dans l'imitation des plantes et des terrains, l'ont placé au même rang que la peinture de figure. Si le grand Florentin avait pu contempler des œuvres conçues dans de telles conditions, il n'aurait pas traité le paysage avec tant de dédain ; il aurait reconnu dans ces œuvres l'application de sa méthode. Qu'on ne se méprenne pas pourtant : il y aurait quelque chose de puéril à vouloir établir une parenté entre les procédés du Florentin et les procédés des deux peintres français. La méthode dont je parle ici est purement intellectuelle. Michel-Ange n'aimait pas l'imitation : s'il savait copier, il ne copiait pas ; il ne prenait le pinceau que pour exprimer une pensée. La forme et le mouvement lui obéissaient ; il ne les dénaturait pas, il

les assouplissait. Ce n'est pas dans son habileté seule qu'il faut chercher le principe de son excellence, mais dans l'énergie de sa volonté. Claude Lorrain et Poussin, qui savaient imiter la nature muette
aussi habilement que Michel-Ange la figure, voulaient, comme lui,
mettre le sceau de leur pensée dans chacune de leurs œuvres. J'ai
donc raison de dire qu'ils suivaient sa méthode. Quant à leurs procédés, ils n'ont rien à démêler avec la question qui nous occupe.

Dans les arts du dessin, comme dans la musique, comme dans
la poésie, la valeur des œuvres se mesure d'après la part faite à
l'intelligence. Il paraît qu'à l'époque de la renaissance comme aujourd'hui, la plupart des peintres qui se proposaient l'imitation de
la nature muette ne faisaient pas à l'intelligence une part très opu-
lente. Le dédain de l'auteur du *Jugement dernier* pour les praticiens
étrangers à toute réflexion ne doit donc pas nous étonner. Tous
les esprits élevés, à quelque partie de l'invention qu'ils aient voué
leurs facultés, trouveraient autour d'eux des praticiens qui mettent
le métier au-dessus de l'art, ou qui plutôt confondent l'un avec
l'autre, et n'ont jamais entrevu l'importance et le rôle de la pensée.
Le sentiment de leur supériorité, lors même qu'ils n'excelleraient
pas dans tous les détails matériels de leur profession, leur permet
de railler ceux qui se prennent pour des maîtres et n'ont jamais rien
inventé. Les deux paysagistes français qui représentent avec Ruysdaël l'interprétation de la nature muette sous sa forme la plus parfaite défient le dédain des peintres de figures. Le problème qu'ils
se proposaient n'est pas moins difficile à résoudre que celui de la
peinture historique. En groupant des personnages, on veut exprimer des passions : c'est là sans doute une tâche laborieuse, mais on
a devant les yeux ou dans ses souvenirs ce qu'on essaie de traduire.
Quand il s'agit de rendre l'impression qu'on a reçue à l'aspect d'une
forêt, d'associer le spectateur à sa rêverie, c'est une rude besogne.
C'est pour avoir posé ce problème dans toute sa franchise, c'est
pour l'avoir résolu que Claude Lorrain et Poussin ont pris rang à
côté des peintres d'histoire. Depuis qu'ils ont écrit leur pensée, il
n'est plus permis de traiter le paysage comme un genre secondaire.
Si les conditions qu'ils avaient acceptées, qui expliquent l'élévation
de leurs ouvrages, n'étaient pas aujourd'hui méconnues ou négli-
gées par ceux qui croient avoir agrandi leur domaine, les peintres
d'histoire ne parleraient pas si légèrement de la nature inanimée.

D'ailleurs l'oubli ou l'ignorance de ces conditions se rattache à une question plus générale, à l'éducation des artistes. Comment l'idéal tiendrait-il la place qui lui appartient dans le paysage, quand il joue dans l'enseignement un rôle si modeste? Les concours institués pour l'encouragement du paysage historique prouvent assez clairement qu'à l'école de Paris, la pratique matérielle du métier a plus d'importance que la pensée. Les figures indiquées par le programme, et qui doivent servir à la représentation d'une scène mythologique, sont traitées de manière à ne pas trop occuper l'attention. On dirait que les élèves sont invités à ne pas détourner les regards du spectateur de la forme et de la couleur des plantes et des montagnes : s'ils reçoivent un tel conseil, ils n'en tiennent que trop de compte; mais le paysage proprement dit manque de vie. Quelques masses traditionnelles, d'une couleur quelquefois heureuse, forment tout l'intérêt de la composition. Les exceptions qu'on pourrait citer ne démentiraient pas la justice de nos plaintes. Tant qu'on n'aura pas changé l'éducation générale des artistes, il ne faut pas espérer qu'ils comprennent de bonne heure l'importance de la pensée.

Ruysdaël était d'un caractère mélancolique, et son caractère se retrouve dans ses ouvrages. A voir le soin religieux avec lequel il a rendu tous les détails que lui offrait la nature hollandaise, on serait tenté de croire qu'il n'a rien cherché au-delà de l'imitation, et cependant, quand on étudie l'ensemble de ses œuvres, il demeure évident qu'il a visé plus haut. De tous les paysagistes de son pays, c'est à coup sûr celui qui accordait le plus d'importance à la pensée. Choisissait-il autour de lui les sites qui répondaient à l'état de son âme, et se dispensait-il presque toujours d'abord de la composition dans le sens le plus libre du mot? Cette conjecture ne blesse en rien la raison. Ruysdaël, qui avait abandonné la profession de médecin pour se livrer tout entier à la peinture, était porté, par sa nature et par sa première éducation, vers les idées les plus élevées; mais, sans se livrer à de grands efforts d'invention, il pouvait rendre ce qu'il sentait. Il ne copiait pas ce qu'il voyait pour le seul plaisir de le copier, mais il imitait ce qu'il avait devant les yeux pour traduire l'impression qu'il avait reçue, et à mesure qu'il avançait dans son œuvre, il corrigeait dans son modèle ce qui ne s'accordait pas avec son dessein; il supprimait ce qui lui semblait inutile, agrandissait ce qui lui paraissait mesquin; il exagérait ce qui n'était qu'indiqué. Doué d'un discernement très fin, il crayonnait dans ses promenades les coins de plaine ou de forêt qui disaient, dans une langue sans paroles, ce qu'il voulait dire avec le pinceau. Rentré dans son atelier, il apercevait dans son croquis des lacunes qui d'abord ne l'avaient pas frappé. Alors, sans essayer de composer un paysage de toutes pièces, il transcrivait sur la toile ce qu'il avait crayonné, n'allant pas au-delà d'un simple trait. Affermi dans sa première pensée, éclairé de plus en plus sur ce qui manquait à la réalité, il attendait pour peindre que la méditation eût achevé l'ébauche qu'il avait rencontrée dans ses promenades. L'heure venue de se mettre à l'œuvre, il consultait ses souvenirs, mais sans se croire obligé de les suivre. Cette manière de procéder n'est pas timidité, mais prudence. Ruysdaël ne sentait pas en lui-même une imagination assez puissante pour marcher sans autre guide que sa volonté; mais en même temps qu'il se défiait de ses forces, il comprenait la nécessité de ne pas s'en tenir à l'imitation : aussi dans ses toiles, qui sont toujours vivantes, nous admirons tout à la fois la précision de la forme et la simplicité de l'ordonnance.

Les deux mérites que je relève dans Ruysdaël sont les mérites d'un observateur attentif et d'un homme habitué à la réflexion. Personne aujourd'hui ne possède une habileté supérieure dans le maniement du pinceau, et l'on voudrait pourtant réduire la peinture à ce qui n'était pour Ruysdaël que la moitié de sa tâche! Le premier paysagiste de la Hollande, celui qui représente l'imitation de la nature de la manière la plus excellente, avait plus de clairvoyance et de modestie; il avait beau reproduire avec une incomparable finesse les détails qu'il avait aperçus : il ne s'abusait pas sur l'insuffisance de l'imitation, il comprenait qu'il avait autre chose à faire pour que son œuvre fut vraiment sienne. Il voulait que le spectateur sentît, en regardant sa toile, ce que l'auteur avait senti lui-même. La nature lui parlait une langue mystérieuse qui ne s'adresse qu'aux âmes d'élite. Cette langue qu'il avait entendue, dont il avait pénétré le sens, il s'efforçait de la rendre intelligible à tous. Il n'allait pas aux champs, il ne s'enfonçait pas dans l'ombre des forêts pour chercher l'expression d'une idée préconçue; il rapportait dans son atelier les sentiments qu'avait suscités en lui le spectacle des rochers ou le bruit des flots, et s'appliquait à les traduire. La simplicité de Ruysdaël s'élève rarement jusqu'à la grandeur. Cependant la contemplation de ses œuvres laisse dans l'âme un souvenir fortifiant. La mélancolie qu'elles respirent n'a rien qui pousse au découragement : elles réveillent le souvenir de nos douleurs; mais il y a tant de sève et tant de force dans les branches dont l'ombre se projette sur le terrain, que nous sentons le besoin de vivre à notre tour d'une vie énergique. La tristesse, au lieu de nous affaiblir, nous relève. L'étude de Ruysdaël est doublement salutaire : elle donne au goût plus de délicatesse, à la pensée plus de vigueur. On apprend de lui à trier les détails, à ne pas leur attribuer une importance égale et constante. Son regard ne négligeait rien, son pinceau ne transcrivait pas tout ce que son œil avait aperçu. Il comprend la vie des plantes et la rend avec une évidence, une splendeur qui n'ont jamais été surpassées. Or le spectacle de la vie ainsi révélée suscite en nous le désir de voir, le besoin d'agir. Les œuvres de ce maître, qui a mis l'empreinte de son âme dans les compositions mêmes que les ignorants prennent pour impersonnelles, nous émeuvent comme la nature, tant il y a de vérité, de fraîcheur, de jeunesse, dans les branches que le vent soulève, ou que viennent éclairer les derniers rayons du soleil. Pour produire en nous une émotion si profonde, un regard pénétrant, une mémoire fidèle, une main docile ne suffiront jamais.

Claude Lorrain comprenait autrement que Ruysdaël l'interprétation de la nature. Il ne se contentait pas de corriger ce qui lui semblait mesquin, d'effacer ce qui lui paraissait inutile : son génie, plus hardi que celui du peintre hollandais, agissait avec une liberté qui s'appellerait présomption, si la postérité ne lui avait donné raison. Ce qu'il voyait n'était pas pour lui un sujet d'imitation, mais un sujet de composition. Le crépuscule du matin, le crépuscule du soir, la splendeur de midi, l'heure solennelle qui précède le coucher du soleil, ont trouvé dans son pinceau un interprète éloquent et fidèle ; mais ce qui caractérise sa manière, ce qui lui assigne parmi les paysagistes une place à part, c'est la puissance souveraine avec laquelle il disposait de tout ce qu'il avait vu. Les forêts et les montagnes ne lui suffisaient pas, les derniers rayons du soleil réfléchis dans les flots ne contentaient pas son imagination. Avant de se mettre à l'œuvre, il avait une pensée préconçue, et pour la rendre il associait les ruines de l'art humain à l'éternelle beauté, à la sérénité permanente de l'art divin. Les colonnes mutilées d'un temple magnifique à côté d'une forêt que chaque printemps rajeunit occupent le premier plan; à l'horizon, des montagnes lointaines, dont les lignes pures et harmonieuses reposent le regard et portent dans l'âme du spectateur une émotion religieuse et profonde. Si jamais l'insuffisance de l'imitation fut reconnue franchement, c'est à coup sûr par Claude Lorrain. Il n'essayait pas de copier ce qu'il voyait, mais de traduire l'impression qu'il avait reçue. Quant aux personnages qu'il plaçait dans ses compositions, il ne leur attribuait pas une grande importance : tantôt il s'en servait pour donner la mesure des ruines qui occupaient le premier plan, tantôt pour expliquer la pensée qu'il avait voulu rendre. Deux figures dans une barque voguant doucement et protégées contre l'ardeur du jour par les arbres de la rive offraient l'image du bonheur. Le procédé de Claude Lorrain est un procédé tout personnel. L'auteur immortel des admirables paysages qui nous éblouissent par leur splendeur n'a jamais tenté de lutter avec la nature. Il savait trop bien qu'il serait vaincu s'il engageait un pareil combat. Il voyait dans la lumière, dans la forme des plantes et des montagnes, dans l'aspect des ruines, un moyen de rendre ce qu'il sentait, et, au lieu de transcrire ses souvenirs, il les consultait comme un vocabulaire. Ce qu'il peignait était en lui avant d'être sur la toile. Sa main n'obéissait pas à sa mémoire, mais à sa volonté. Il sacrifiait sans regret tout ce qui ne devait pas servir à l'expression de sa pensée.

Le peintre hollandais rapportait dans son atelier le thème de la composition qu'il allait ébaucher, et sa volonté n'intervenait qu'après sa mémoire. Claude Lorrain écoutait plus souvent et plus librement son imagination. Avec ses souvenirs, avec ses rêveries, il formait un type de bonheur ou de tristesse, et quand il voulait rendre visible à tous ce qu'il avait aperçu au dedans de lui-même, il se tournait vers la nature pour donner plus de précision à sa pensée. Le témoignage de ses yeux n'était pour lui qu'un auxiliaire, jamais un guide impérieux. C'est à l'emploi de ce procédé que nous devons l'unité merveilleuse de toutes ses œuvres. Il savait d'avance ce qu'il allait faire. Il ne commençait pas par copier pour effacer, pour supprimer, pour ajouter; le modèle était en lui. Ce qu'il demandait à la nature, c'étaient les traits dont il devait se servir pour en dessiner les contours, les couleurs qu'il avait choisies, mais qu'elle possédait. Un tel procédé, je le reconnais volontiers, n'est pas à la portée de toutes les intelligences. Pour agir ainsi, il faut une puissance qui n'est pas commune. Cependant les peintres qui se livrent à la pratique du paysage et que la gloire de Claude Lorrain pourrait tenter doivent en prendre leur parti. Il n'y a pas moyen de faire ce qu'il a fait, ou quelque chose d'équivalent, sans passer par la route qu'il a suivie. Ils ne trouveront pas dans la réalité ce qu'ils trouvent dans ses œuvres. Les scènes les plus grandes, les sites les plus majestueux, laissent apercevoir des détails que le goût condamne, et dont le pinceau ne doit tenir aucun compte. Pour tout dire en un mot, la nature offre à l'art des thèmes nombreux, d'une infinie variété: elle ne lui offre pas de modèles. Voilà ce que Ruysdaël entrevoyait, ce que Claude Lorrain voyait clairement. Intervention permanente de la pensée dans l'expression de la forme, l'imitation envisagée comme moyen, jamais comme but, c'est à ces termes précis qu'il faut réduire le procédé de ce maître illustre. Il connaissait tous les aspects de la nature, et savait les reproduire comme s'il n'eût pas eu en tête un projet plus élevé; mais cette notion et cette faculté n'étaient pour lui que des instruments. Ses souvenirs, il les transformait quand l'heure était venue d'exprimer sa volonté. Il disposait si librement de tout ce qu'il avait vu que la nature semblait lui obéir. Il creusait les vallées, il abaissait les montagnes, il attachait au tronc des arbres des branches d'une souplesse inconnue, d'une merveilleuse élégance, et tout cela si simplement que jamais chez lui l'invention ne semble bizarre. Il est trop savant pour étonner; quand il crée, on dirait qu'il se souvient : génie excellent qui a voulu dans la mesure de sa puissance, qui a réalisé tout ce qu'il avait conçu.

Le procédé de Nicolas Poussin, plus savant encore que celui de Claude Lorrain, n'est pas facile à définir. Poussin ne conçoit pas le paysage sans figures : il n'étudie pas la nature, comme le peintre hollandais, pour la corriger, pour l'agrandir en la transcrivant, et j'espère que le mot corriger ne sera pas pris pour une impiété. Il ne se préoccupe pas, comme Claude Lorrain, de la distribution de la lumière. Ce qui domine tous ses paysages, ce qui les explique, ce qui en démontre le mérite infini, c'est l'accord établi entre la nature muette et les personnages. Qu'il s'adresse aux traditions païennes ou aux traditions chrétiennes, il comprend toujours de la même façon, il pratique toujours avec le même respect la loi que je viens d'énoncer. Chez lui, le paysage sans les figures serait vide, les figures sans le paysage présenteraient un caractère incomplet. Qu'on prenne le *Polyphème*, le *Diogène*, et l'on pourra facilement vérifier ce que j'avance. Dans chacune de ces trois compositions, la nature muette et les personnages sont unis par un lien tellement indissoluble, qu'il serait impossible de les séparer. Les paysages de Nicolas Poussin n'ont pas autant de réalité que ceux de Ruysdaël, autant de splendeur que ceux de Claude Lorrain. Aussi ne faut-il pas s'étonner qu'il n'ait pas obtenu la même popularité que ces deux maîtres, car il s'adresse, par la nature même de ses conceptions, à des esprits plus délicats. Il n'a pas pour lui le charme de la couleur. Au premier aspect, ses paysages déroutent par leur austérité les spectateurs frivoles; mais si l'on prend la peine de les étudier, la surprise fait bientôt place à l'enchantement. Toutes les parties de chacun de ces poèmes, car le *Diogène*, le *Polyphème*, sont de vrais poèmes, sont tellement conçues, tellement ordonnées, qu'elles n'ont pas de valeur absolue. Jamais la théorie du sacrifice n'a été plus franchement acceptée, plus franchement pratiquée. Ruysdaël supprime ce qui lui paraît inutile : c'est un premier pas vers la vérité. Claude Lorrain interroge sa mémoire au lieu de s'en tenir au témoignage immédiat de ses yeux, et compose avant de se mettre à l'œuvre : c'est un second pas plus hardi que le premier. Nicolas Poussin est allé plus loin que Ruysdaël et Claude Lorrain. Il ne s'est pas contenté de supprimer ce qui lui semblait inutile, il ne s'est pas borné à composer avant de se mettre à l'œuvre, en prenant pour but suprême et définitif un effet de lumière : il a voulu produire, et il produit constamment une impression morale. Et comment arrive-t-il à réaliser ce prodige? En sacrifiant résolument, dans les souvenirs dont il dispose, tout ce qui pourrait affaiblir l'expression de sa pensée.

Le *Buisson*, l'*Entrée d'une forêt*, la *Cascade*, prouvent que Ruysdaël n'ignorait pas la théorie du sacrifice. Le *Port de Messine*, la *Danse au bord de l'eau*, le *Troupeau à l'abreuvoir*, démontrent surabondamment que Claude Gellée savait effacer ce qui lui semblait superflu; mais toutes ces compositions, consacrées depuis longtemps par une admiration légitime, n'ont pas dans l'ordre intellectuel la même valeur que le *Diogène* et le *Polyphème*. Poussin, qui ne fait pas un chêne avec autant de précision que Ruysdaël, qui ne sait pas, comme Claude Lorrain, inonder de lumière la mer, le ciel, les forêts et les montagnes, occupe pourtant un rang plus élevé que. ces deux maîtres, parce que la pensée rayonne dans toutes ses œuvres. Aujourd'hui que l'imitation domine dans notre école de paysage, le rêveur des Andelys est assez mal mené. La mode est de parler de lui très légèrement. Railler ce qu'il a fait passe pour un trait de bon goût. Réfuter une telle méprise serait mal employer son temps; le plus sage est de sourire. Ceux qui se moquent de Nicolas Poussin se calomnient à leur insu. Ils avouent sans le savoir que leur intelligence ne conçoit rien au-delà du témoignage des yeux. C'est à coup sûr une condition assez peu digne d'envie, et pourtant ils s'obstinent à n'en pas vouloir d'autre. A quoi bon troubler leur joie? Ils proclament leur infirmité, et s'enorgueillissent de l'avoir proclamée. S'ils pouvaient deviner jusqu'où va leur modestie, ils seraient bien étonnés; mais l'heure de la clairvoyance n'a pas encore sonné pour eux, et tous nos avertissements seraient perdus. Nos paroles s'adressent à ceux qui veulent s'éclairer, et la moquerie ne révèle pas le désir de s'instruire. Aimer Poussin, reconnaître et admirer tout ce qu'il y a d'élevé dans ses compositions, c'est à mes yeux la preuve d'un goût pur et délicat; médire de lui est un aveu involontaire d'infériorité. Ruysdaël, qui excelle dans l'imitation de la nature, qui étonne le regard par la précision des détails, réveille en nous des souvenirs; Claude Lorrain, moins près de la réalité que Ruysdaël, introduit notre intelligence dans une région supérieure; Nicolas Poussin, moins habile dans le sens matériel, occupe dans l'histoire une place plus considérable, parce que la valeur des œuvres humaines se mesure à l'intervention de la pensée. Si l'exactitude de l'imitation devait assigner les rangs, Ruysdaël dominerait Claude Lorrain, Claude Lorrain dominerait Poussin. La raison prescrit une hiérarchie toute différente : c'est le développement de la pensée qui assigne les rangs, et Nicolas Poussin se trouve naturellement le premier.

Or, si les idées que j'ai développées et que j'ai tâché de rendre claires ont été bien saisies par le lecteur, il ne doit rester aucun doute dans son esprit sur la nature des conclusions auxquelles je veux arriver. Le paysage, comme la peinture d'histoire, comme la peinture religieuse, comme la sculpture, est obligé de recourir à l'idéal. Dans ce domaine, qui semble se dérober à l'intervention de la pensée, comme dans les autres domaines, où le rôle de l'imagination paraît plus important, l'imitation la plus parfaite ne saurait produire une œuvre d'art. Ce que j'ai dit des marbres grecs comparés aux statues modernes, je dois le dire des toiles de Ruysdaël, de Claude Gellée, de Nicolas Poussin, comparées aux toiles que les amateurs se disputent sous nos yeux. Tant que le paysage n'abandonnera pas la voie où il s'est engagé, tant que l'idéal n'aura pas repris l'importance qui lui appartient, l'expression de la nature muette sera toujours à l'état rudimentaire. Ce que Phidias, Polyclète et Praxitèle démontrent pour la figure humaine taillée dans le paros, Ruysdaël, Claude Lorrain et Nicolas Poussin le démontrent pour les plantes et les roches imitées à l'aide du pinceau. Personne n'a jamais imité la nature plus habilement que Ruysdaël, et pourtant Ruysdaël n'émeut pas le spectateur aussi puissamment que Claude Lorrain. Pourquoi, si ce n'est parce que Claude Lorrain accorde à l'idéal plus d'importance que le peintre hollandais? Pourquoi Claude Lorrain, malgré la splendeur de ses œuvres, demeure-t-il au-dessous de Nicolas Poussin, si ce n'est parce qu'il n'attribue pas à la pensée un rôle aussi élevé que le rêveur des Andelys? Ou l'histoire ne signifie rien, ou elle doit nous éclairer sur le sens du présent. Les trois plus grands paysagistes du monde, qui vivaient au XVIIe siècle, sont des arguments que personne n'a le droit de récuser. Les hommes qui pratiquent aujourd'hui l'art qu'ils ont pratiqué n'oseraient pas se vanter de posséder des facultés supérieures; mais ils se méprennent sur le but du paysage, comme les sculpteurs se méprennent sur le but de la sculpture, et quand ils ont copié un tronc d'arbre sans omettre une rugosité, sans oublier un lichen, ils s'applaudissent et se glorifient. Ils ne disent pas : Nous valons mieux que Ruysdaël, Claude Lorrain et Nicolas Poussin; mais ils disent : Ils se trompaient, et nous savons le chemin qui mène à la vérité. — Eh bien! la clairvoyance n'est pas de leur côté.

Les trois grands paysagistes du XVIIe siècle, doués de facultés inégales, avaient aperçu le but suprême de l'art qu'ils pratiquaient. Le maître hollandais ne l'a pas touché, et cependant ses œuvres excitent encore aujourd'hui une légitime admiration. Claude Gellée, plus hardi que le maître hollandais, occupe à bon droit un rang plus élevé. Nicolas Poussin, venu plus tôt que les deux autres, puisqu'il est né dix ans avant Claude Gellée, quarante-six ans avant Ruysdaël, a proclamé dans le paysage la souveraineté de la pensée, et ses œuvres ont démontré que la raison était pour lui. Ses toiles, malgré le mérite qui les recommande, sont aujourd'hui dédaignées par la foule : c'est un malheur sans doute, une méprise dont le goût doit s'affliger ; mais le mérite n'a rien à démêler avec la popularité. Que les toiles de Watteau et de Boucher soient couvertes d'or dans les enchères, et que les toiles de Poussin trouvent à grand'peine quelques acheteurs courageux, les conditions de la vérité ne sont pas changées. L'idéal n'a rien perdu de son importance. La mode est aujourd'hui à l'imitation. C'est un mauvais signe pour l'intelligence publique. Ce que nous blâmons ne saurait durer. Le sens moral se relèvera, le sens poétique reprendra dans les arts du dessin une autorité qui n'a jamais été méconnue que par l'ignorance. Quand ce jour sera venu, ceux qui blasphèment aujourd'hui les noms de Claude Gellée, de Nicolas Poussin, rougiront de leurs blasphèmes : ils comprendront qu'ils n'ont jamais entrevu la vérité, et se tairont pour échapper aux railleries.

L'imitation est à l'invention, dans le paysage comme dans la sculpture, ce que le langage est à l'éloquence, et ce n'est pas ici une comparaison capricieuse, mais une comparaison qui repose sur la réalité. Ceux qui savent imiter la nature muette sont pareils à ceux qui connaissent les lois du langage : ils sont prêts à parler, ils disposent de la ligne et de la couleur comme les grammairiens disposent des mots ; mais qui pourrait mesurer l'intervalle qui sé-pare la grammaire de l'éloquence ? Qui pourrait dire de combien de pas se compose la route qui mène de l'imitation à l'invention ? Ceux qui copient un chêne ou une génisse avec une merveilleuse habileté, qui transcrivent avec une fidélité littérale la mousse et les pâquerettes, et qui croient dépasser Ruysdaël et Poussin, ont à mon avis autant de bon sens qu'un maître d'école qui, pour avoir étudié pendant dix ans les formes du langage, se mettrait au-dessus de Pascal et de Bossuet. Ruysdaël, Claude Lorrain, Nicolas Poussin, représentent l'éloquence. Ils savent parler, et ne parlent jamais sans avoir quelque chose à dire. Les habiles, les applaudis de nos jours savent comment il faut parler ; mais pour être éloquents, il leur manque une bagatelle, — une pensée à exprimer.

ISBN : 978-1981379644

www.ingramcontent.com/pod-product-compliance
Lightning Source LLC
Chambersburg PA
CBHW070140230526
45472CB00004B/1624